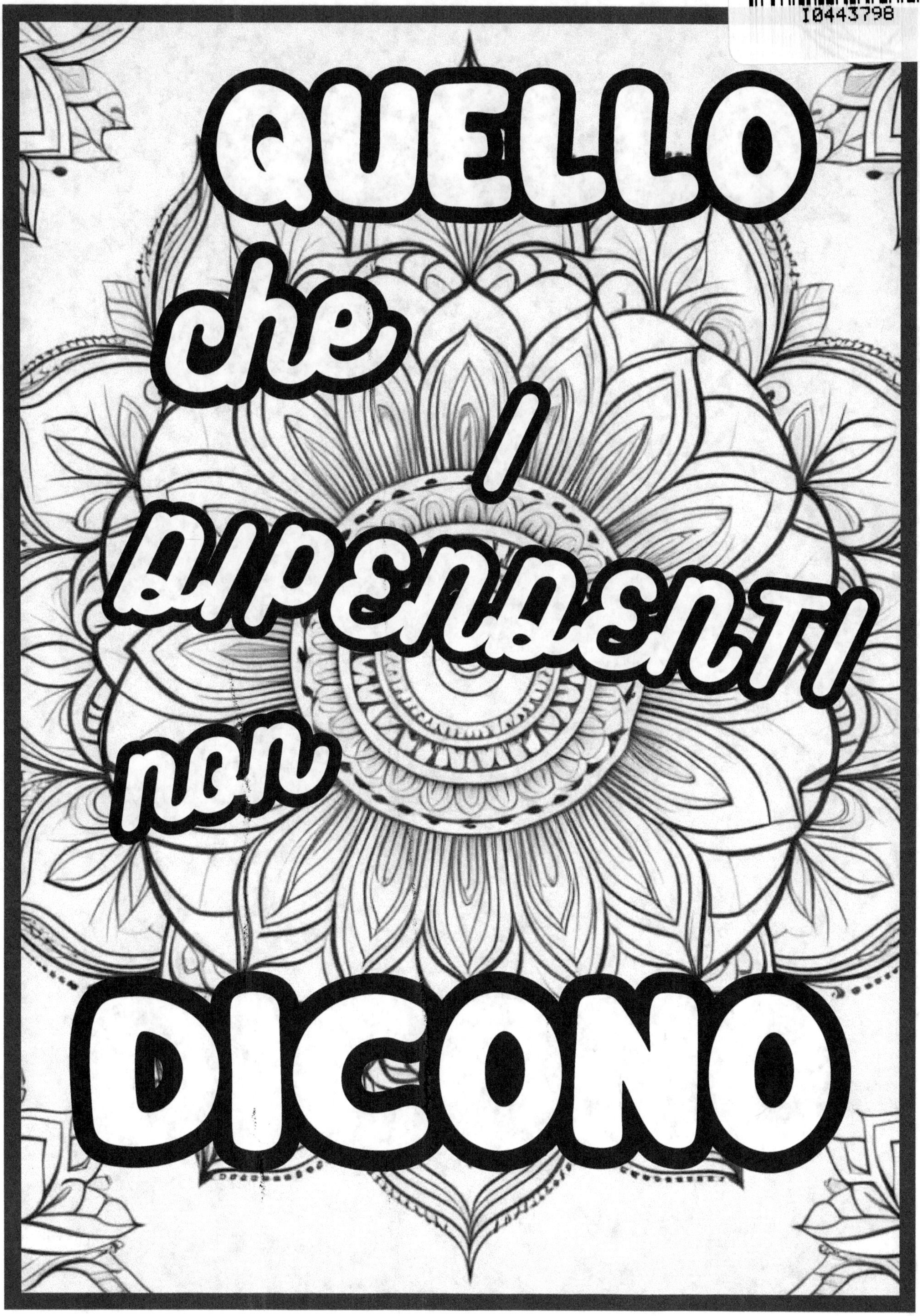

QUELLO che I DIPENDENTI non DICONO

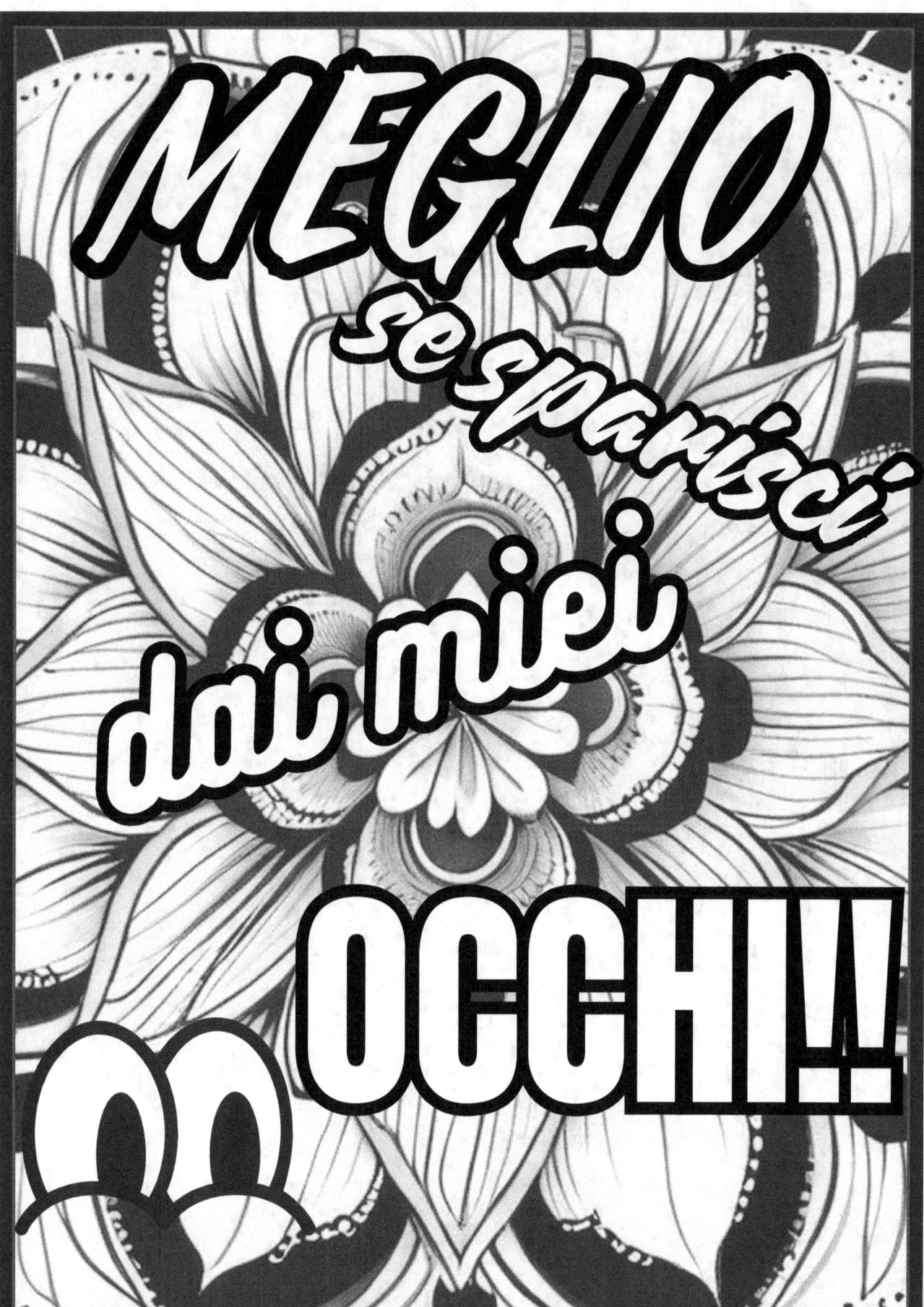

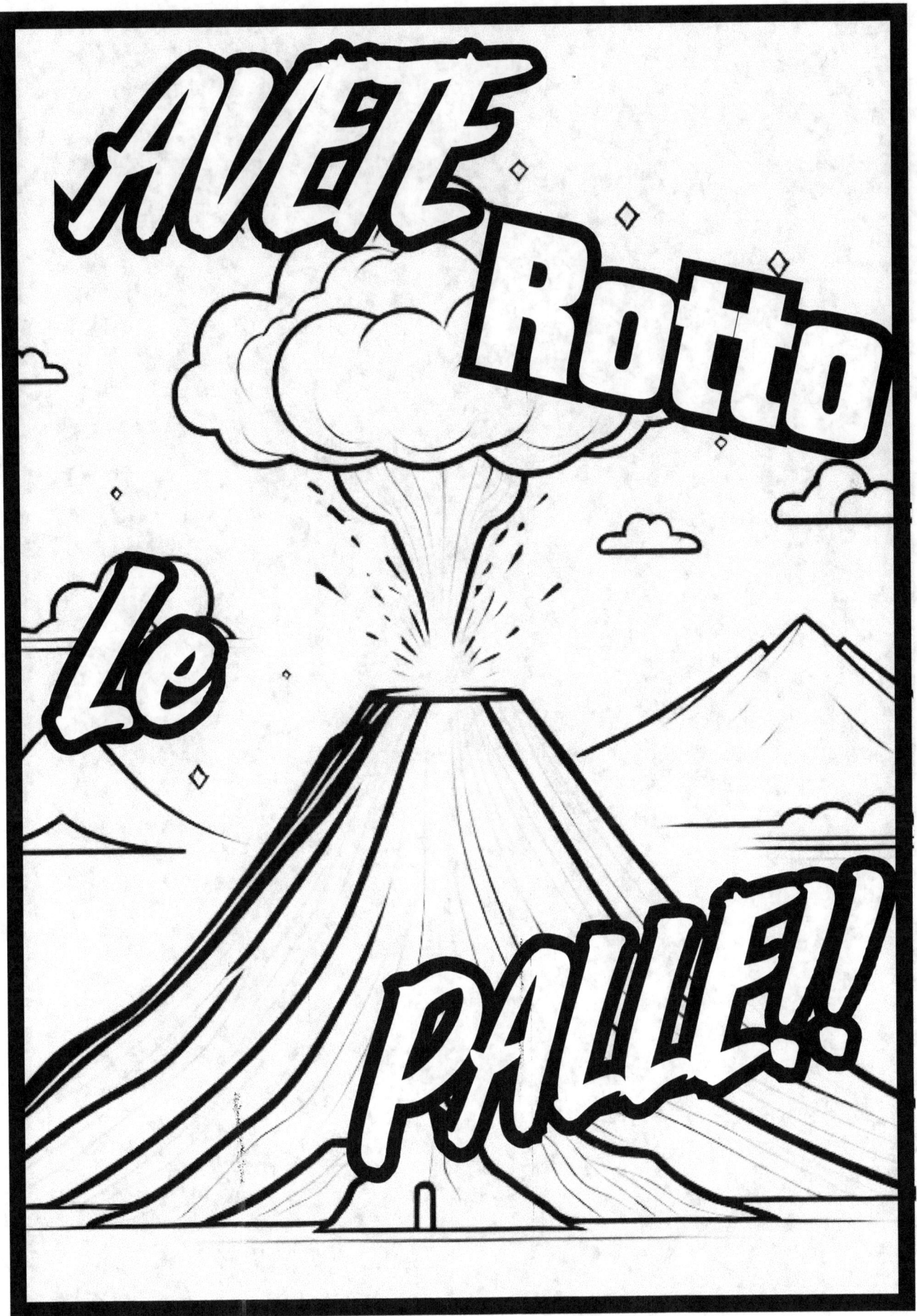

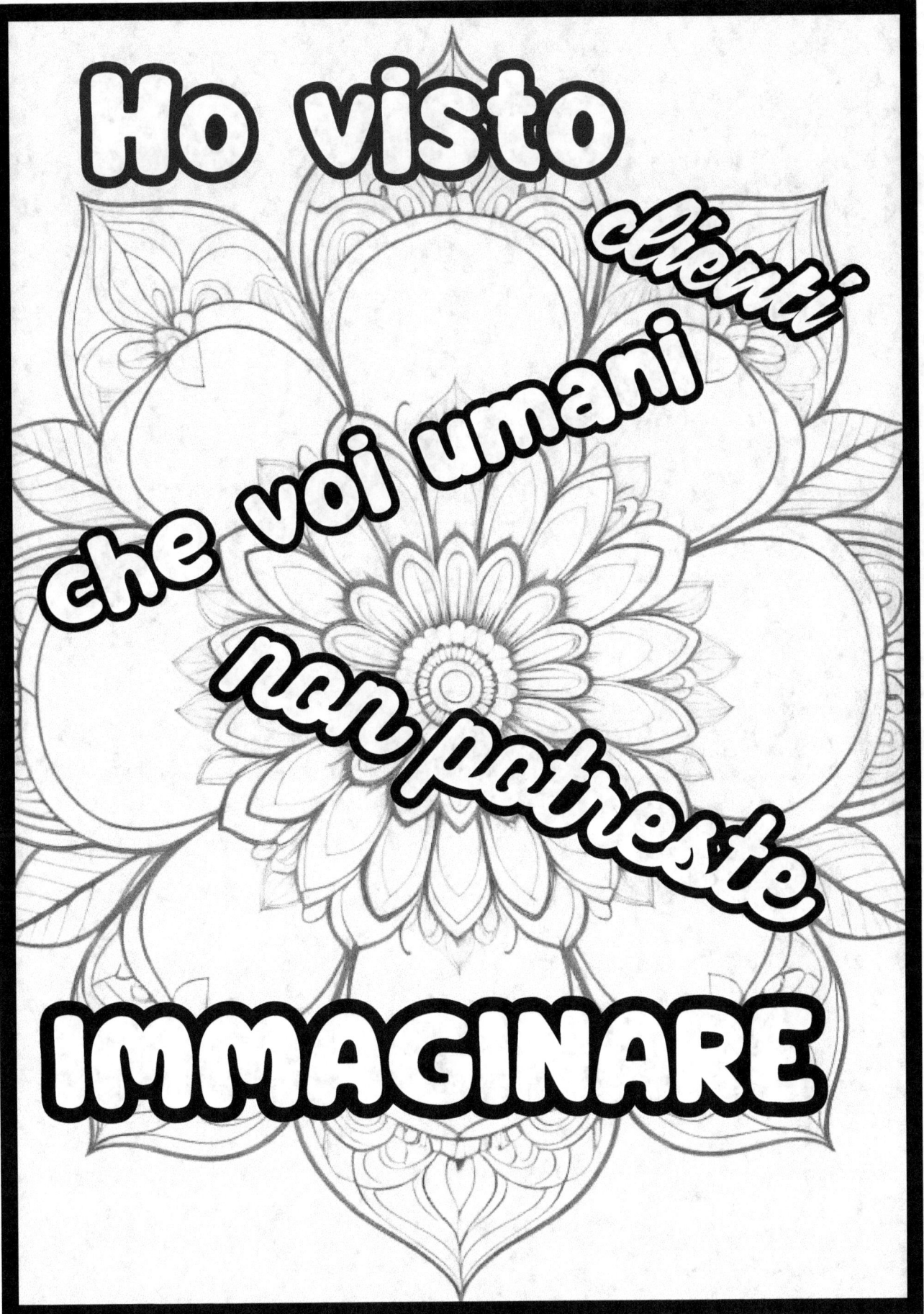

Scatta una foto per mandare a cagare un tuo collega

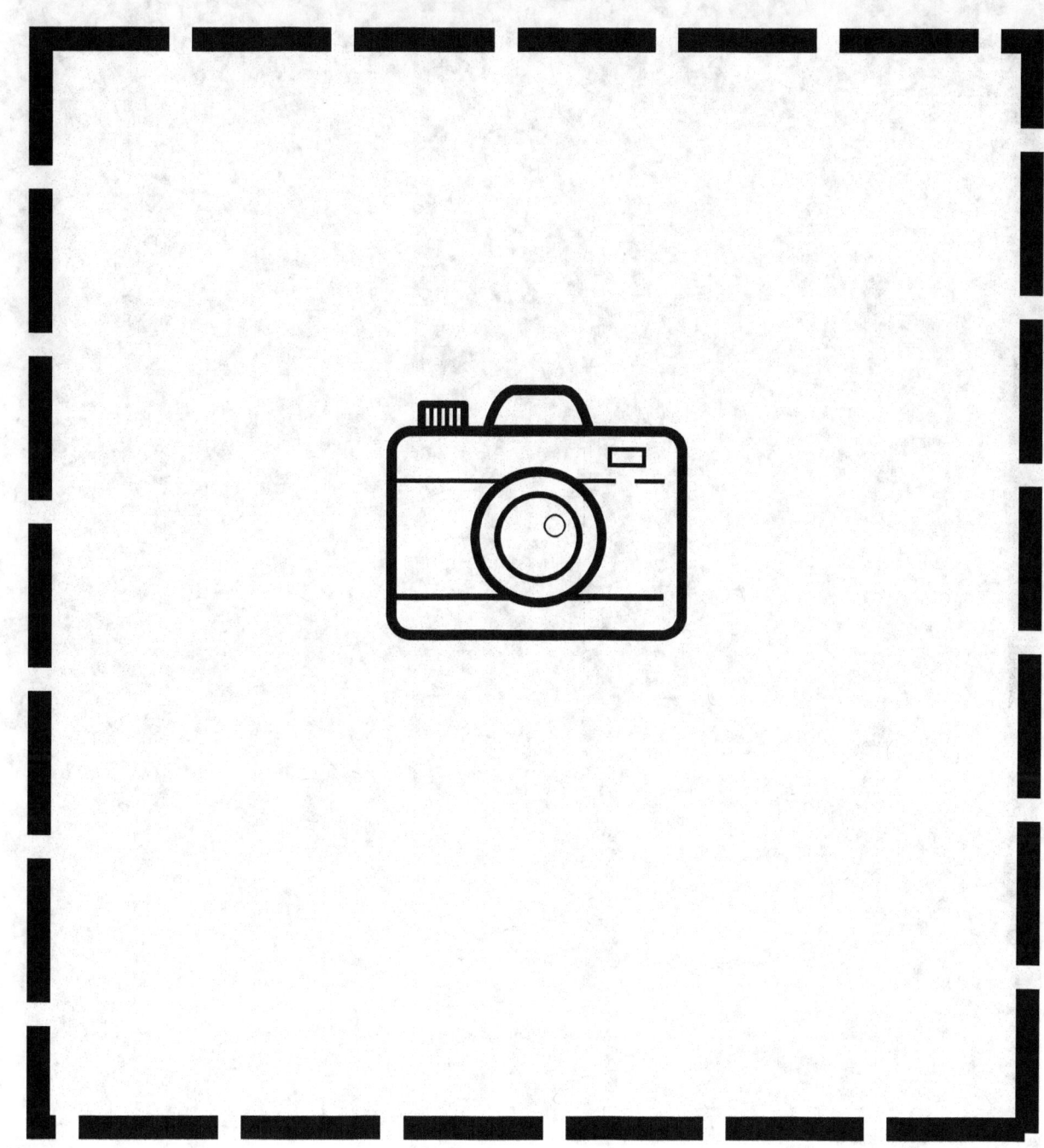

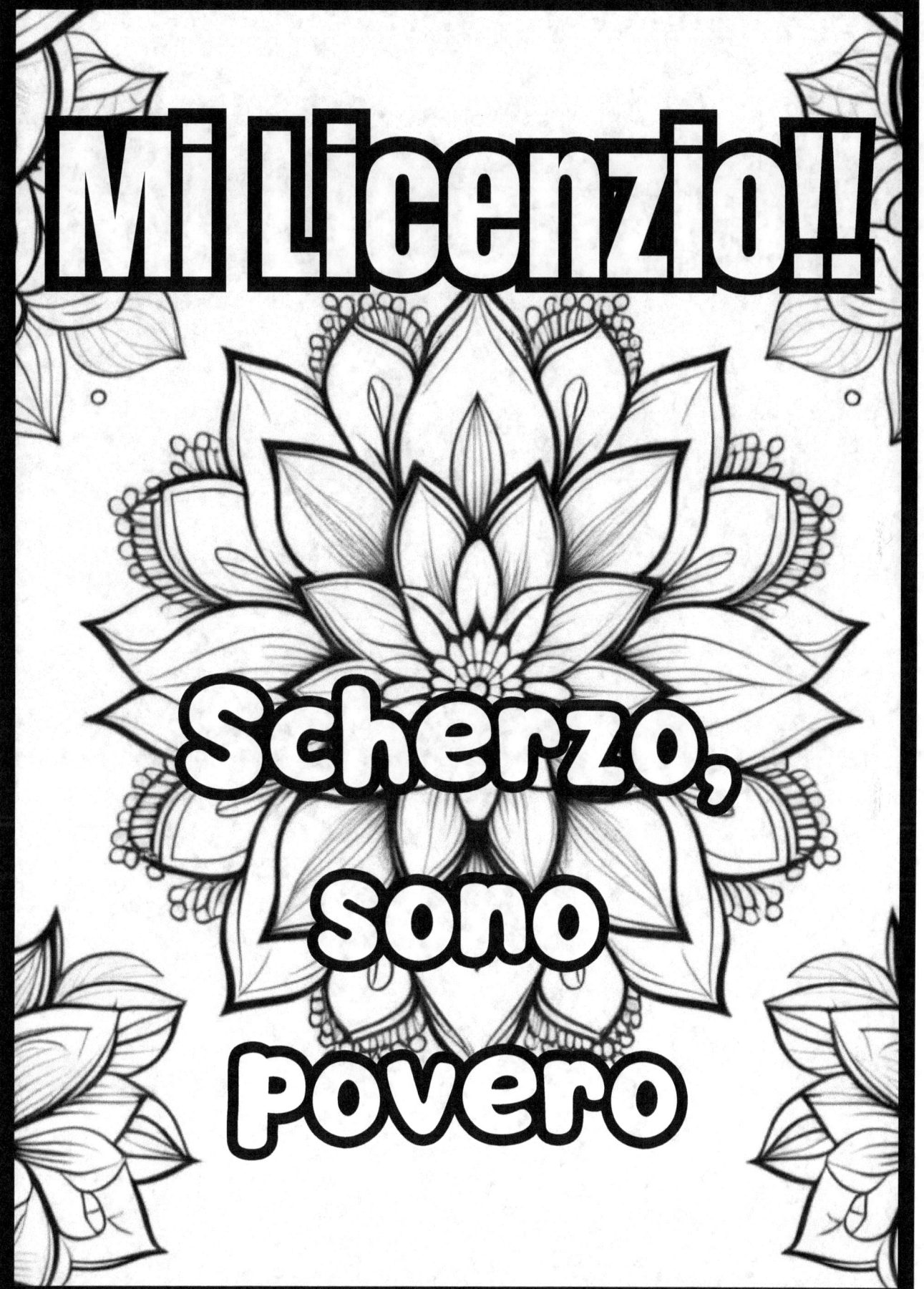

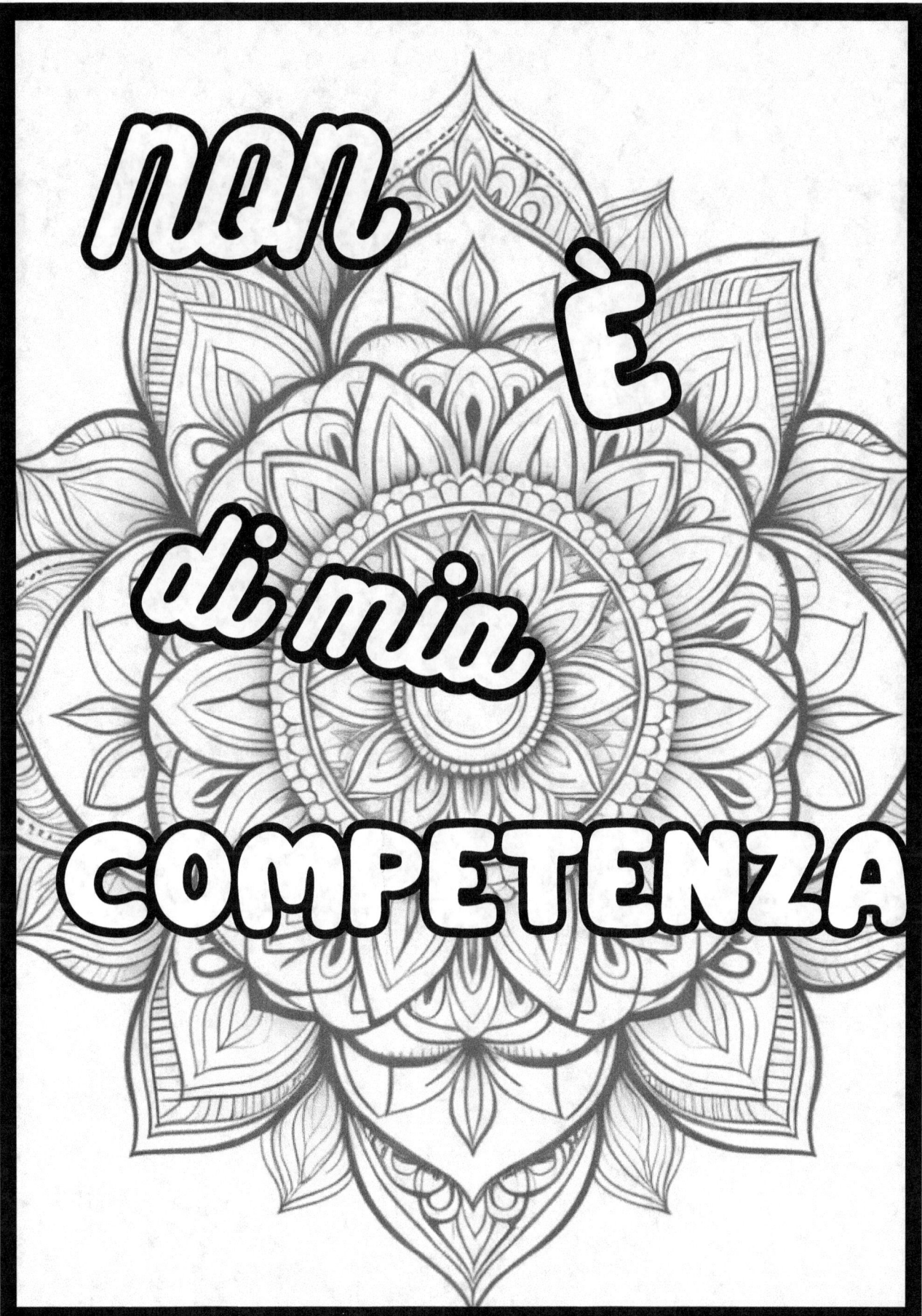

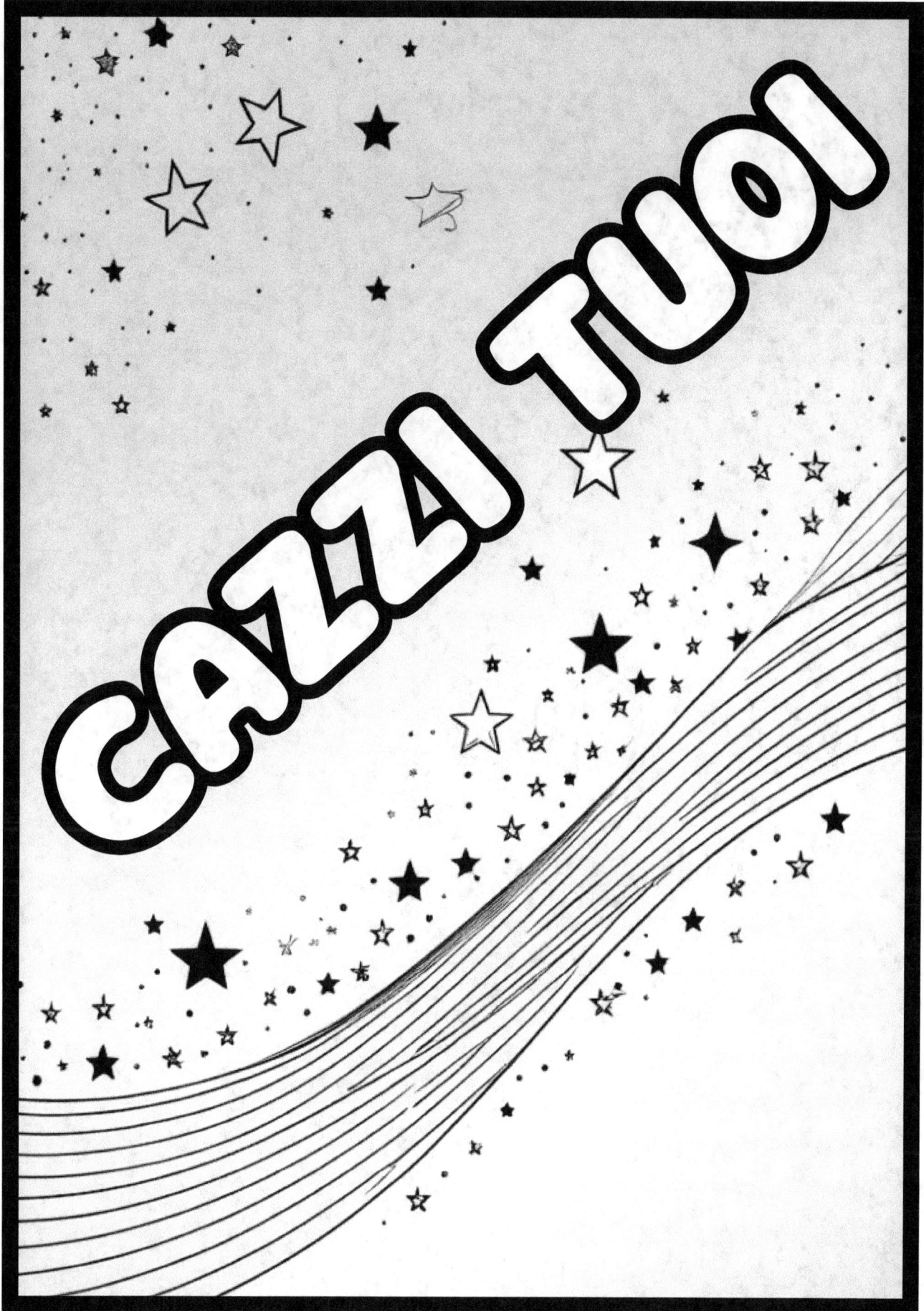

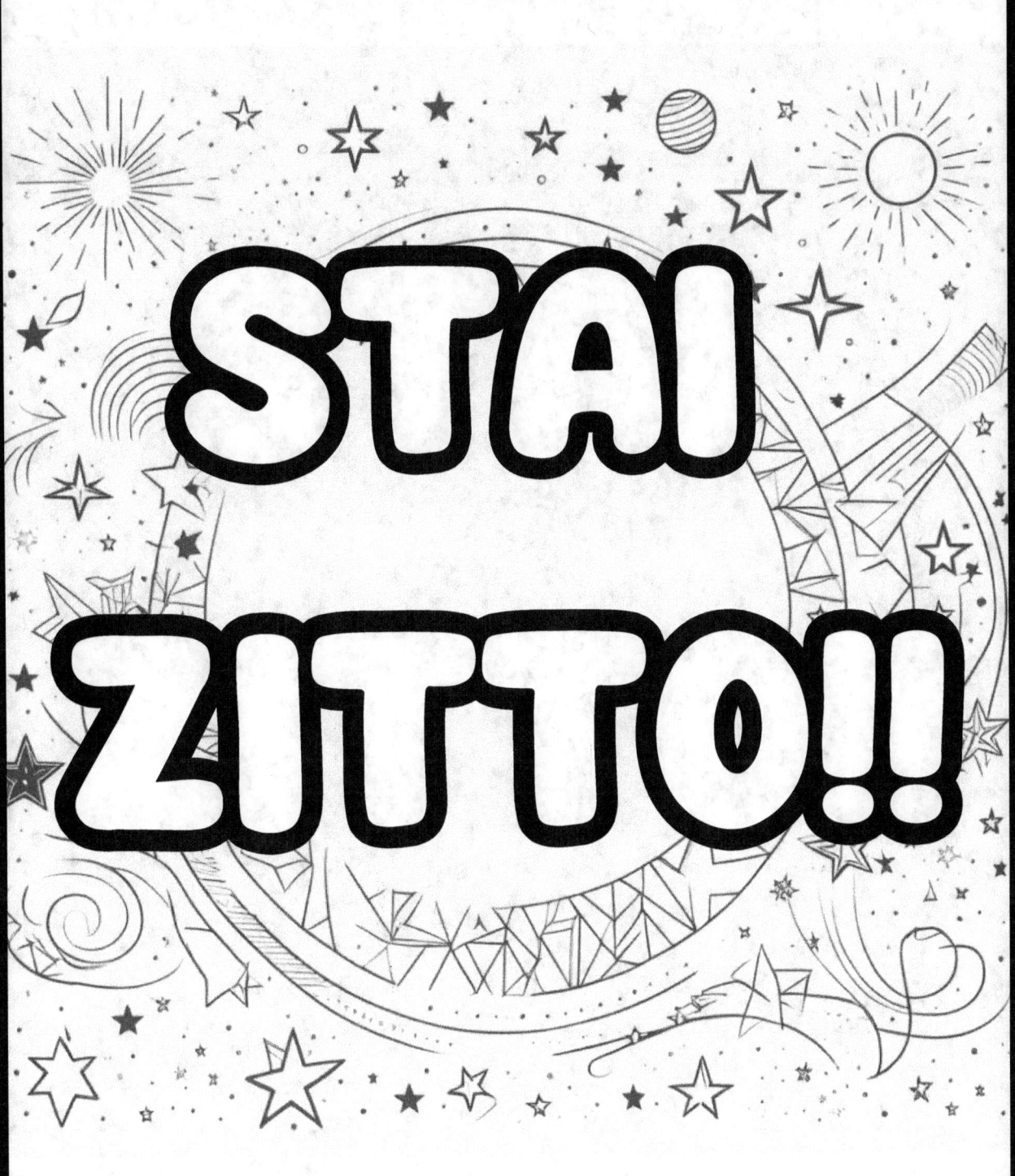

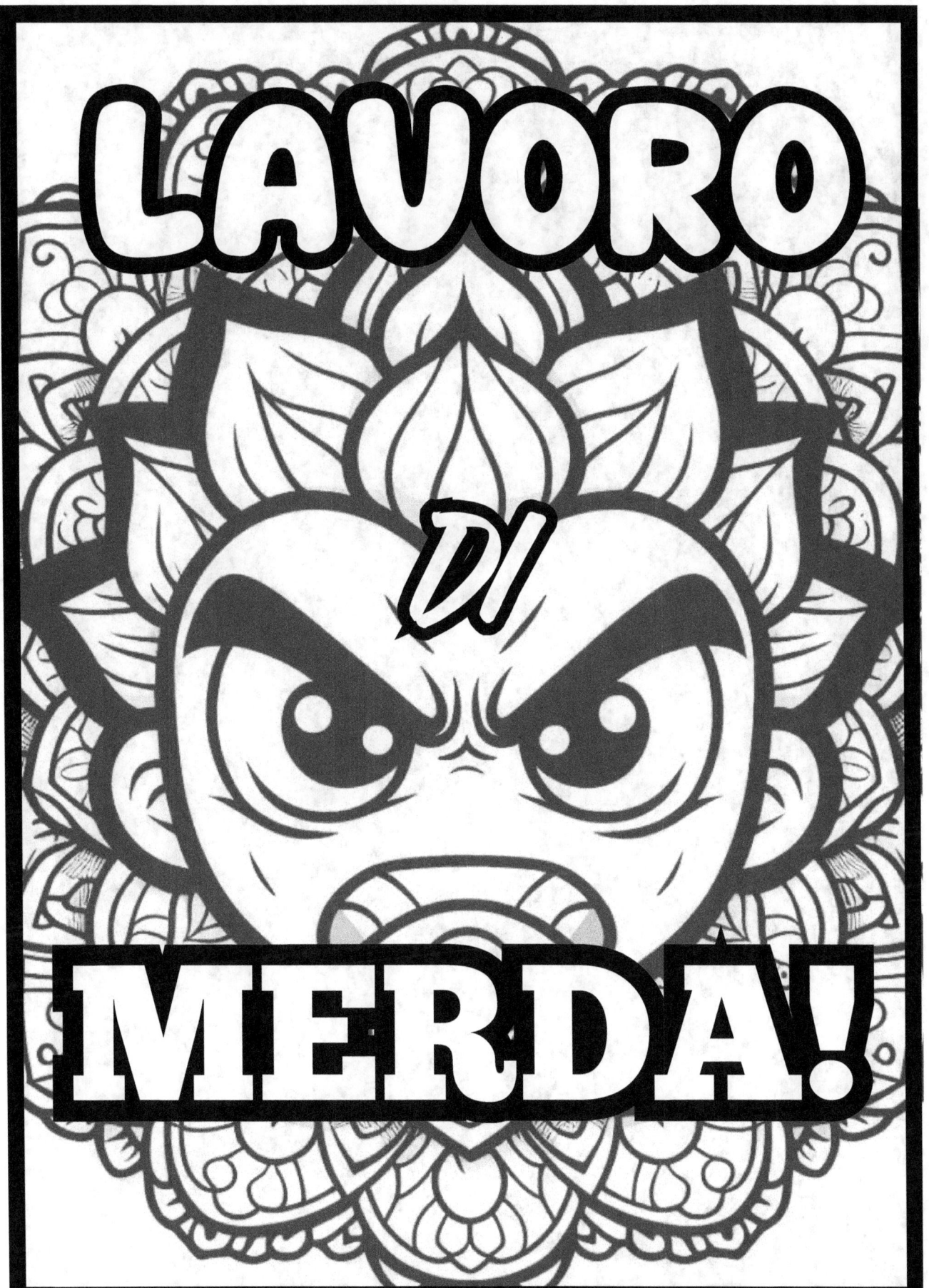

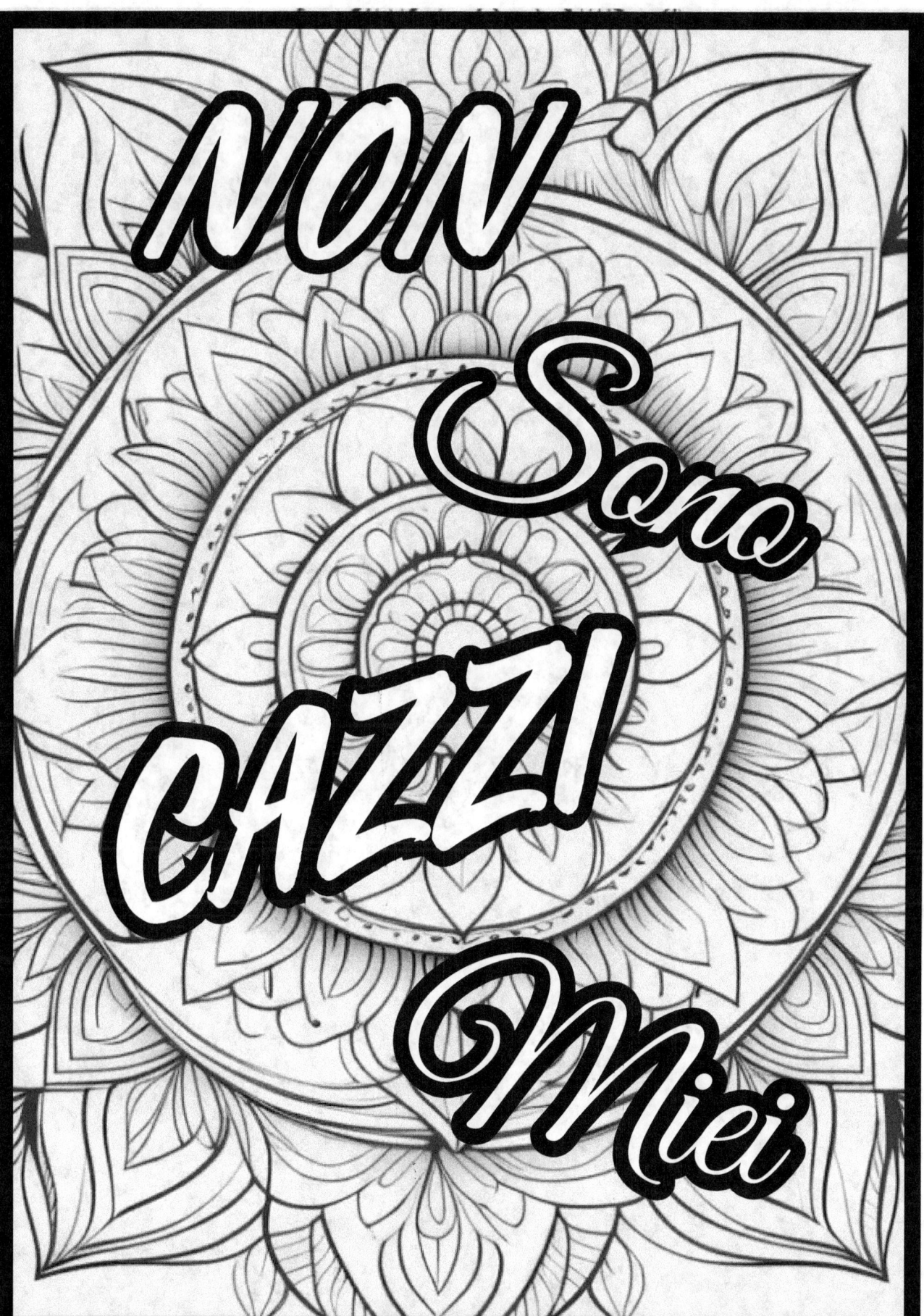

Spero prendi la **104** almeno sei Giustificato

Perché non sono ricco

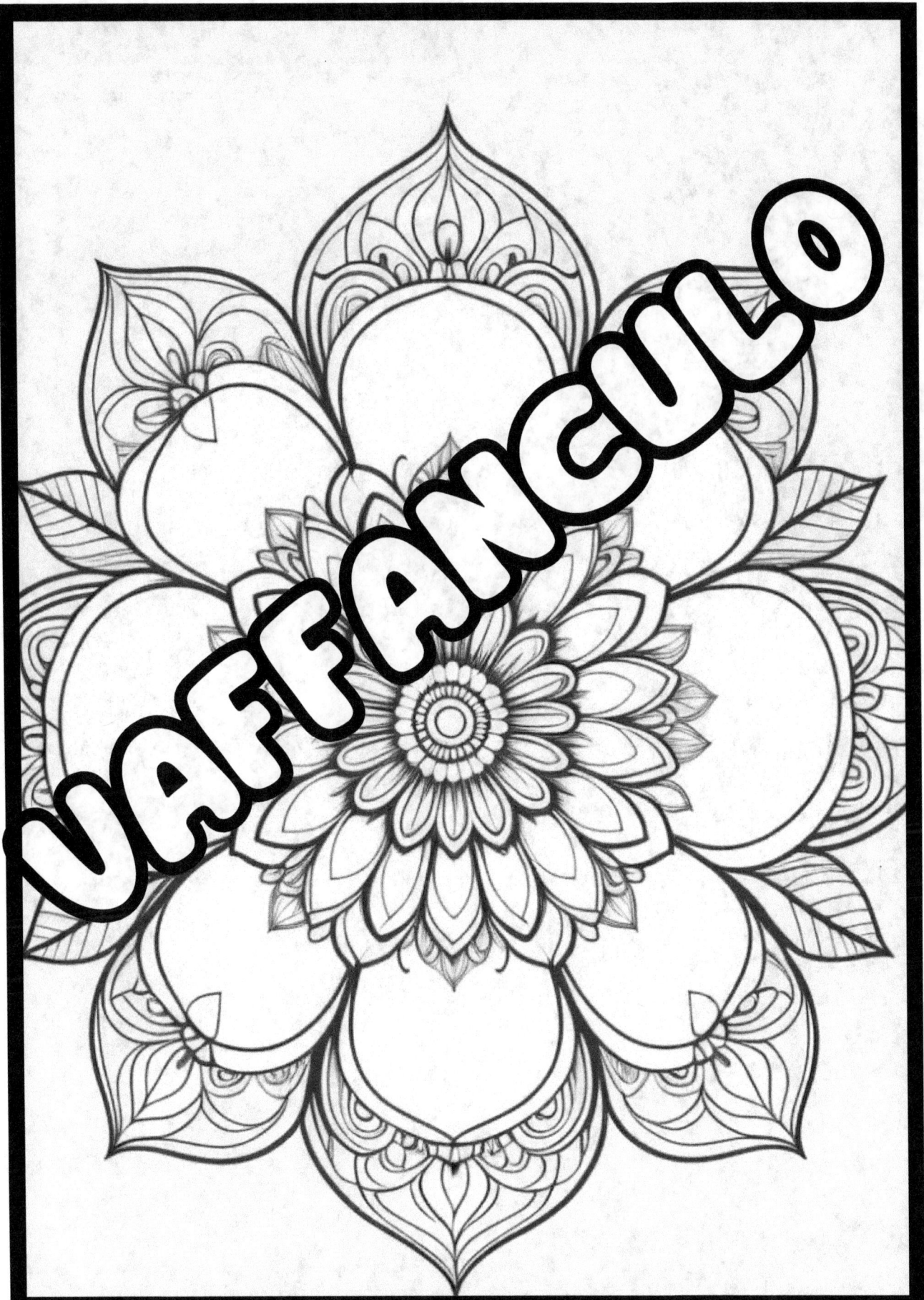

Questo Lavoro è una MERDA

Straordinario? Lo sono Già

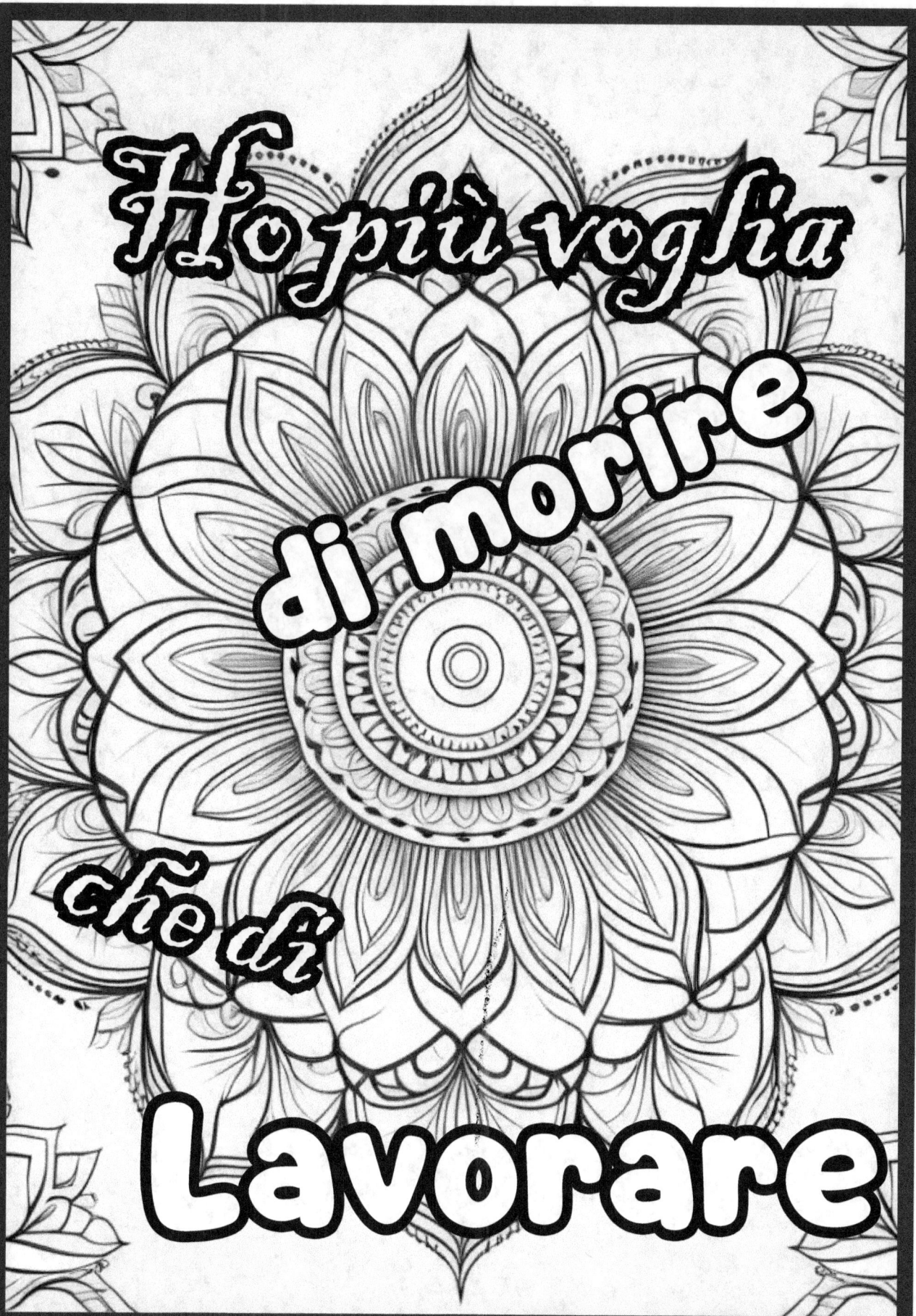

Ho voglia di sbattermi la testa al MURO

Che palle...

UN'ALTRA RIUNIONE

Inutile

Ma chi me lo fa fare

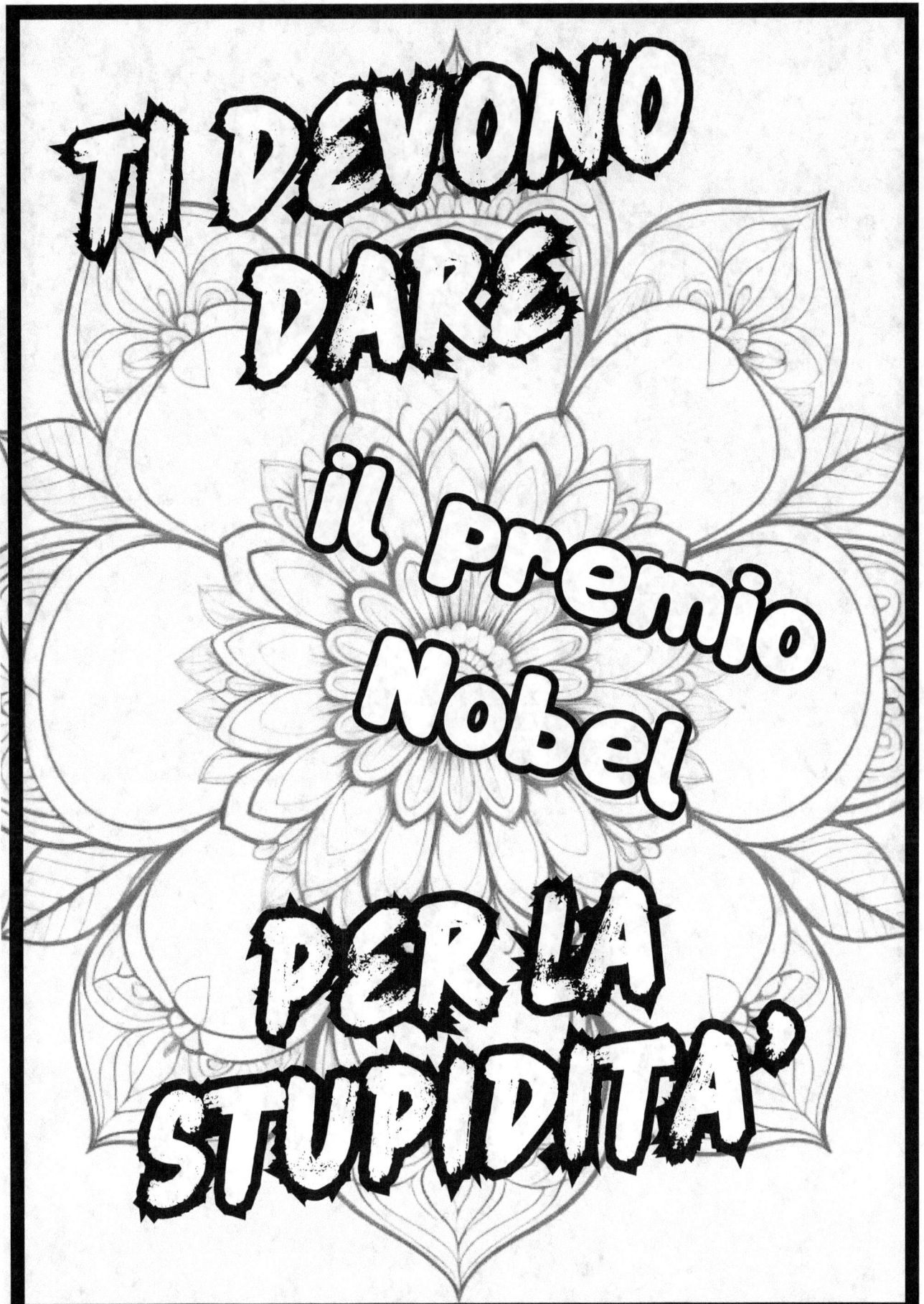

RELAX

oggi

MALATTIA

Scatta un'altra foto per mandare a cagare un altro tuo collega

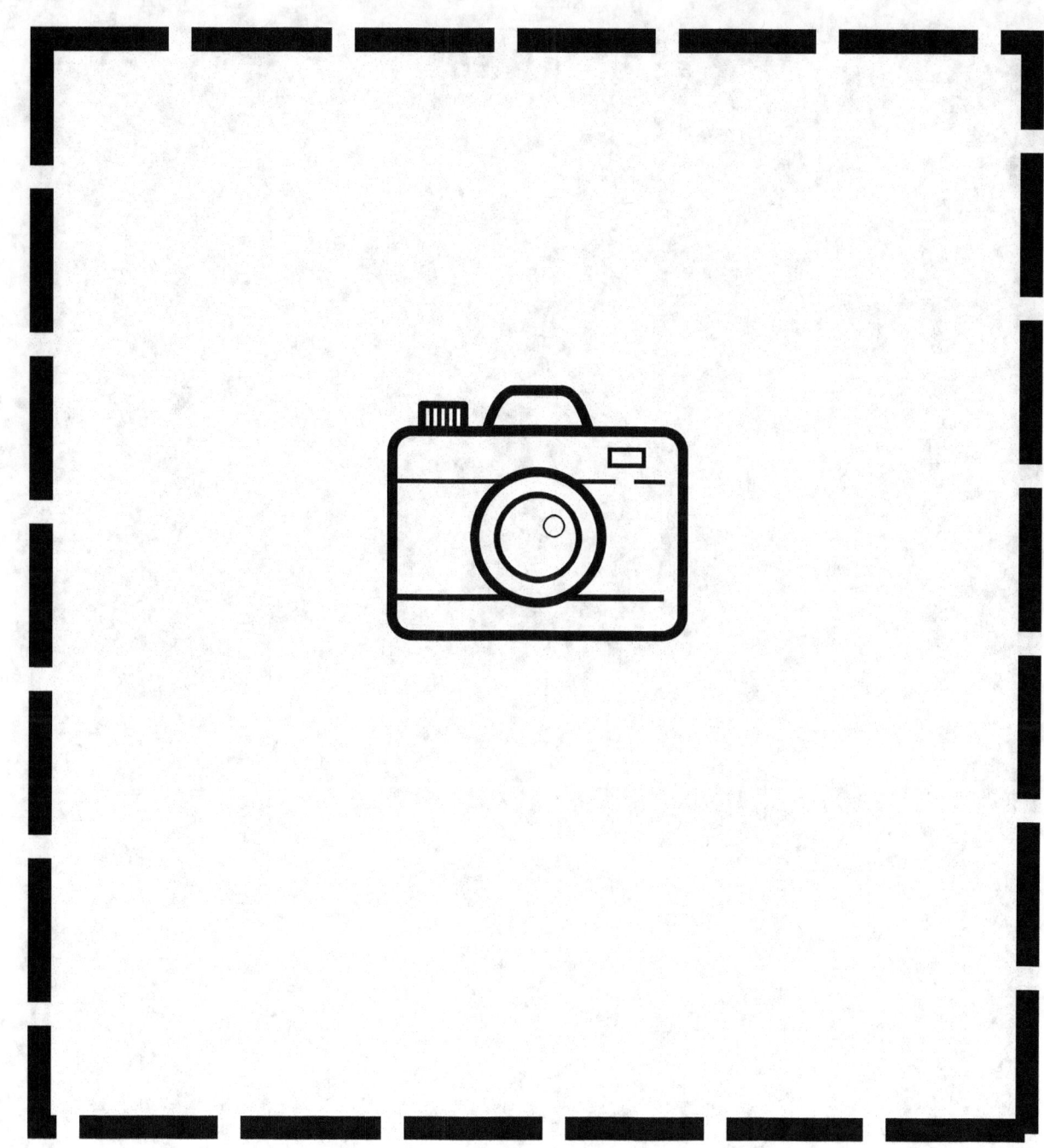

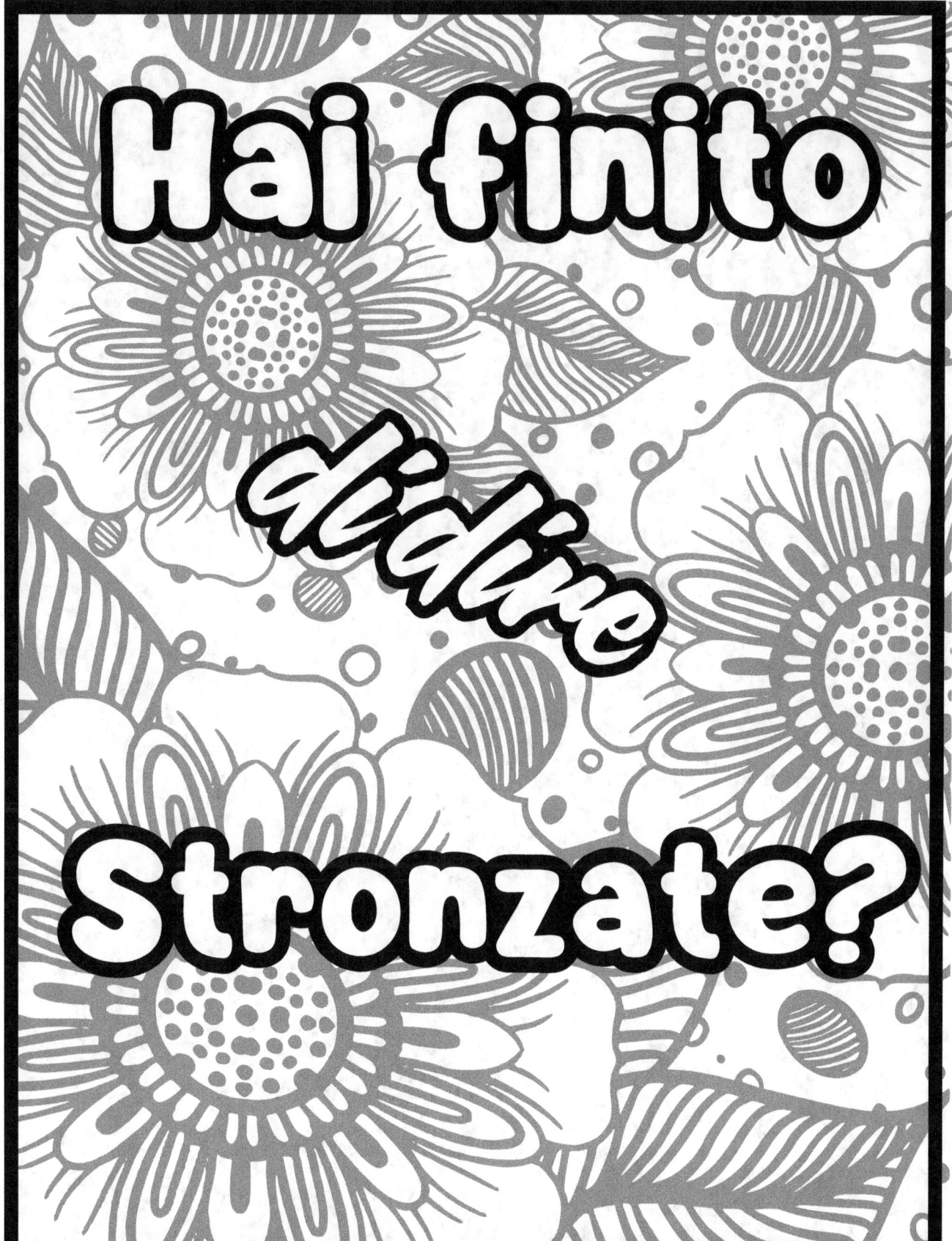

VOGLIO ANDARE A CASA!!!

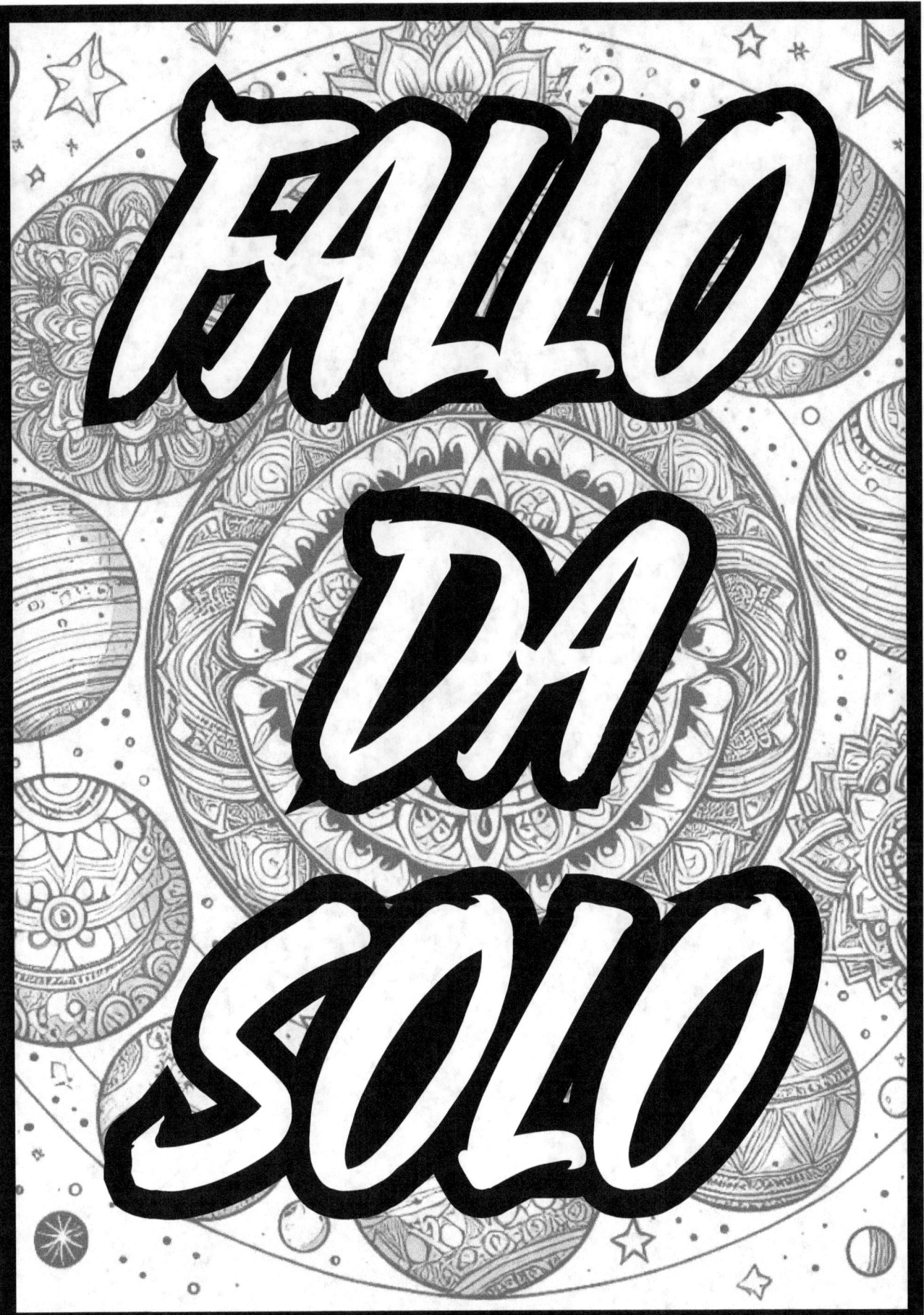

HO UNA VOGLIA DI ASCOLTARTI PARI A 0

Ho voglia di strapparmi i coglioni

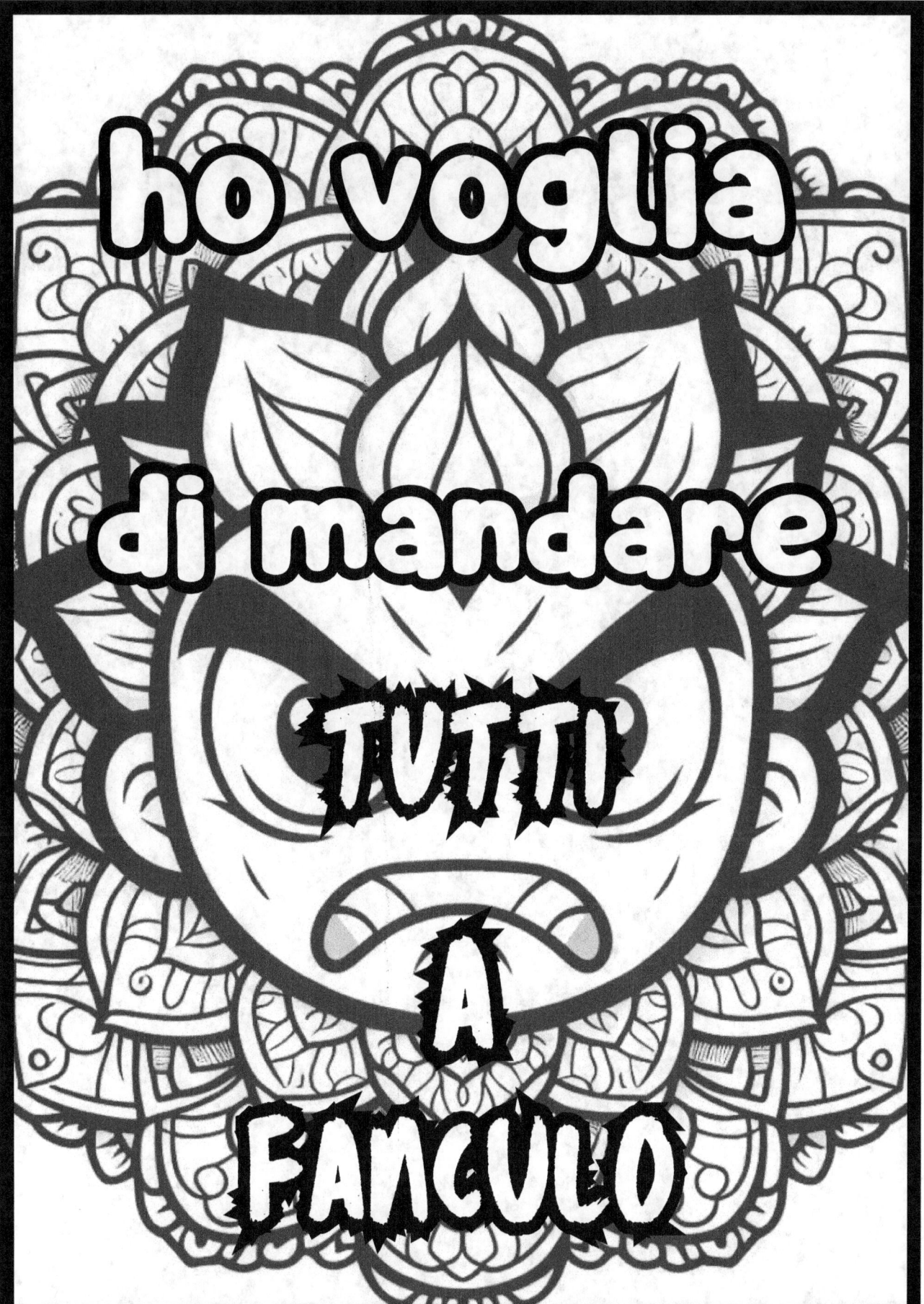

NON SONO un cazzo DI ROBOT

www.ingramcontent.com/pod-product-compliance
Lightning Source LLC
Chambersburg PA
CBHW062158220526
45470CB00009B/2863